IDEEN für Tisch & Tafel

Kerstin Heß

FOTOGRAFIE CHRISTIAN MAHN

Konzept, Styling: Kerstin Heß, Stuttgart
Grafik: Kerstin Heß, Christian Mahn, Stuttgart
Fotos: Christian Mahn
Text: Kerstin Heß
Druck und Verarbeitung:
Print Design Druck GmbH, Minden
Printed in Germany

ISBN/EAN 978-3-512-03335-3

INHALT

FRÜHLING

SOMMER

HERBST

WINTER

Lifestyle
BUSSE
SEEWALD

Vorwort

Wie schon in meinem ersten Buch „Wenn Gäste kommen" geht es auch in diesem Buch um herrlich dekorierte Tische und Tafeln mit selbst gestalteten Accessoires.

Diesmal habe ich mich sehr stark von den wunderschönen Stimmungen aus der Natur verleiten lassen, und durch die Jahreszeiten hindurch, immer wieder etwas aus der Natur mit nach Hause gebracht: die ersten Frühlingsboten, prächtig blühende Apfelzweige, feine Kräuter, Frisches vom Markt, Oliven, Blüten und Blätter zum Pressen, Hagebutten, Tannengrün, Mistelzweige und vieles mehr.

In Erwartung auf ein schönes, besonderes Fest oder eine Einladung für Freunde macht es viel Spaß schöne Tische zu dekorieren und die Gäste herzlich willkommen zu heißen.

Kerstin Heß

Frühling

Frühlings-Boten

Nach den kalten, langen Wintertagen sehnt sich jeder nach dem Frühling – und bevor er kommt, schauen wir nach den Frühlingsboten. Es ist herrlich anzusehen, wie sich die ersten zarten Schneeglöckchen aus dem Schnee hervor wagen und sich bei jedem Windhauch bewegen. Zusammen mit anderen weißen Frühlingsboten, wie Krokusse, Hyazinthen, Ranunkeln, Tulpen und weißen Traubenhyazinthen, dekoriert mit Moos, sorgen sie für frische Frühlingslaune zu Hause.

FRÜHLINGSBOTEN

...in zarten Tönen

Duftig zart und rein wirken weiße Blüten mit Grün, einzeln sowohl als auch in dicken Bunden. Lassen Sie sich inspirieren und arrangieren Sie munter darauf los.

GEFALTETER SERVIETTENRING

Falten Sie eine Zieharmonika aus weißem Papier im Format 45x12 cm, Faltenbreite 2,2 cm. Mit einem Papierlocher die Löcher mittig stanzen. 2 Bänder durch die Löcher ziehen und mit einer Schleife zusammenbinden.

SCHNEEGLÖCKCHEN-ANHÄNGER

Ganz einfach läßt sich dieser Serviettenanhänger gestalten. Pressen Sie schöne, große Schneeglöckchen und kleben Sie dann diese mit Vorsicht auf Ihren selbstgestalteten Anhänger auf. Tipp: Bevor Sie die Schneeglöckchen pressen, schon einmal mit der Hand vorsichtig glatt drükken, dann zwischen 2 saugfähige Papiere ca. 8 Tage in ein dickes Buch legen.

Bestelladresse für Bänder auf Seite 143

Tipp: Moosrand für Kuchen. Schneiden Sie 2 weiße Scheiben aus etwas dickerem Papier in der Größe des Kuchens aus. Mit einem Klebestick einen Rand einer Scheibe bekleben und dann das Moos fest andrücken. Auf die andere Scheibe am Rand und in der Mitte Kleber aufbringen und beide Scheiben fest zusammen drücken.

Violetter Blütenzauber

Dicht an dicht gebunden: eine Hand voll Veilchen und kleine Stiefmütterchen lassen sich, umringt mit grünen Blättern, zu wunderschönen Sträussen binden.

ZARTES FARBENSPIEL MIT VEILCHENBLAU

In verschiedenen kleinen, zarten Gläsern werden die fein duftenden Veilchen und die kleinen Stiefmütterchen zu Sträußchen gebunden und in Gruppen auf den Tisch gestellt. Selbst gestaltete Serviettenanhänger lassen die Augen von einem Teller zum anderen wandern. Alle sind unterschiedlich gestaltet und leicht anzufertigen.

SERVIETTEN-ANHÄNGER

Schneiden sie ein Quadrat aus dickem, weißen Papier in den Maßen 6x6 cm aus, bekleben Sie das Quadrat mit gemustertem Papier oder malen Sie mit einem Lila-Copic Stift breite und schmale Streifen auf. Mit Bleistift oder einem dünnen Tuschestift können Sie mit Linien, Punkten und Herzen schöne Effekte erzielen. Zum Schluss kleben Sie ein zuvor gepresstes Stiefmütterchen auf die Vorlage.

VERZIERTE HERZEN UND MUFFINS

Die Gestaltung des Zuckergusses: In dem aufgebrachten, noch flüssigen Zuckerguss mit einem Zahnstocher Punkte aus eingefärbten Zuckerguß aufsetzen, dann den Punkt mit dem Zahnstocher zu einer Form ziehen. Sie können auch erst alle Punkte schön verteilen und dann mit dem Zahnstocher in alle Richtungen die Formen ziehen. Lebensmittelfarben erhalten Sie in der Apotheke: die Farbe Lila erhalten Sie durch Mischen von Rot und Blau.

FRISCHKÄSE ZITRONEN-KUCHEN

200 g Löffelbisquit
100g Butter
200g Philadelphia (nicht light)
2 Zitronen
2 EL Zucker
1 Päckchen Götterspeise Zitrone
1 Becher Sahne
Marokanische Minzeblätter
zum Verzieren

Löffelbisquit sehr fein zerstoßen und mit 100 g Butter zu einem Teig verkneten. In eine ca. 26 cm große Backform (einfetten) einen Boden drücken.

1. 200 g Philadelphia, Saft von 2 Zitronen mit 3 EL Zucker vermischen.
2. 1 Päckchen Götterspeise, 2 Tassen Wasser, 3 EL Zucker kalt einweichen und erhitzen. Nicht kochen. Sahne steif schlagen und unter die abgekühlte, flüssige Götterspeise mischen.
3. Beide Massen zusammenmischen, in die Backform gießen und 12 Stunden kalt stellen. Nach Ihren Wünschen verzieren.

Caffarel

Grün-Weisse Ostern

Lassen Sie sich inspirieren:
Ostern in grünen und weissen Tönen
liebevoll arrangiert
auf festlich gedeckter Tafel.

Ganz in Weiß gedeckter Tisch mit silbernen und grünen Akzenten. Zartes grünes Gras umspielt die weißen Eier in den Gläsern, die zusammen mit grünweiß gefärbten Eiern und Wiener Mandeln dem Tisch eine österlich feine Atmosphäre verleihen.

Eierfärben

Nehmen Sie hart gekochte Eier und umspannen Sie diese mit einem breiten, geschlossenen Gummiband. Je nach Farbwunsch die Eier länger oder kürzer in grüner Farbe lassen. Für breite Streifen das weiße Ei mit der Spitze in die Farbe halten. Zum Trocknen die nicht gefärbte Hälfte in einen Eierbecher stellen. Trocknen lassen. Dann die andere Hälfte in die Farbe tunken. Schöne Grüntöne können Sie mit flüssigen Kaltfarben erzielen, indem Sie Grün, Blau und Gelb mischen.

in Grün & Weiss

SERVIETTEN

Weiße Servietten werden mit einer Banderole (5,5 x ca. 15 cm) aus Papier zusammen gehalten. Auf die Banderole grüne Streifen mit einem Copic-Stift (Farbe YG 63) aufmalen. Auf die Innenseite der Banderole das frische Gras mit einem Tesafilm festkleben. Den Papierhasen (Schablone ab Seite 140) auf die Banderole kleben und dann die Schleife herumbinden.

SILBERHASEN

Schablone ab Seite 140: den Hasen aus Silberblech ausschneiden und mit einer Stricknadel Nr. 4 eine Linie neben die andere über die ganze Hasenfläche ziehen.

HASENGLAS

Nehmen Sie ein Backblech und legen dieses mit einer Alufolie flächendeckend aus. Darauf 1,5 cm dick die Erde füllen. Dann ein Gemisch aus Katzengras und Grassamen sehr dicht auf die Erde streuen. An einen sonnigen Platz stellen und immer gut befeuchten. Weißes Seidenpapier zu einem Quadrat so groß ausschneiden, dass es von Ihrem gewünschten Glas (Marmeladenglas) den Boden, die Wände innen abdeckt und noch Zipfel über den Glasrand schauen. Innenraum des Glases bis fast zum Rand mit beliebigen Füllmaterial ausfüllen. Ein Quadrat von Ihrem Gras mit Erde, so groß wie Ihre Glasöffnung ist, ausschneiden, auf eine etwas größere Alufolie legen, Rand der Alufolie seitlich nach oben drücken. Das Ganze in das Glas auf Ihr Füllmaterial legen. Gras schön verteilen und in die Mitte das Ei setzen. Papierhasen auf das Glas kleben und eine Schleife um den Rand des Glases binden. Wegen der Alufolie können Sie das Gras weiterhin gießen.

TISCHKARTE

Ein festeres Papier 7,5 x 10 cm ausschneiden. In der Mitte der 10 cm die Karte leicht anritzen und falten. Den Papierhasen, bevor er aufgeklebt wird, von hinten mit etwas Tesafilm auf das frische Gras kleben. Am Falz entlang, um die Karte, eine Schleife binden.

EINLADUNGS-KARTE

An die Stelle, wo der Hase (Schablone ab Seite 140) hinkommen soll, mit Farbe Gras malen. Den Papierhasen darauf kleben und eine Schleife, die nur um den vorderen Teil der Klappkarte geht, binden, indem man im Falz der Karte einen kleinen Schlitz schneidet und dann das Band durchzieht.

FROHE OSTERN

Osterfest

OSTERFRISCHE MIT EINEM

Ostern kommt....
Der Frühling erwacht, noch anfangs in seiner zarten Pracht, aber keiner kann uns davon abhalten, ein farbenfrohes Osterfest zu gestalten. Zarte Olivtöne mit Rosé und einem Hauch von Gold schmücken den runden Ostertisch. In der Mitte des Tisches eine selbstgestaltete Etagere aus verschiedenen Gläsern und Tellern, die von einem geflochtenen Olivenkranz und selbst bemalten Eiern geschmückt wird.

HAUCH VON NOSTALGIE

Schön rosé

MIT ZARTEN OLIVENZWEIGEN

GEBACKENE OSTERHASEN

Sobald die Hasen gebacken sind, (Rezept Seite 101) mit Zuckerguss überziehen. In den noch flüssigen Zuckerguss mit einem Zahnstocher, an dem ein Tropfen der anderen Zuckergussfarbe ist, Punkte setzen oder die Punkte aufsetzen und mit dem Zahnstocher den Punkt im Kreis weiter ziehen.

EIER FÄRBEN UND BEMALEN

Ein ausgeblasenes weißes Ei mit der Spitze so lange oder so kurz in die Farbe Rot (Kaltfarbe) tauchen, bis Sie Ihr gewünschtes Rosa erreicht haben. Zum Trocknen in einen Eierbecher oder eine Eierschachtel stellen.

Dann die andere Hälfte in die rote Farbe tauchen. Olivgrün erzielen Sie, indem Sie im Voraus in die Farbe Rot tröpfchenweise Grün mischen. Testen Sie immer wieder durch Eintauchen eines Eis, ob Ihnen der Olivton gefällt.

Sobald Sie die gewünschten Flächen gefärbt haben, können Sie mit Bleistift (Härtegrad HB), schwarzer Tusche, Deckweiß und Gold Ihre Motive aufzeichnen. Danach das Ei an einem Faden aufhängen und mit einem Sprüh-Klarlack fixieren.

Hasenei Hasenei
FROHE OSTERN
FROHE
OSTERN
K
OSTERN
FROHE

FRÖHLICHE HASEN MIT BUNTEN EIERN

Die Eier mit dem selbstbemalten Hasen sind auch ein schöner Blickfang auf dem Teller als Willkommensgruß für jeden Gast. Färben Sie hart gekochte Eier in schönen Rosé-/Olivtönen und Gold. Bemalen Sie die Papierhasen nach Ihren eigenen Vorstellungen und kleben Sie sie auf die Eier. Sie können auch ein Loch in die Mitte des Hasen bohren und diesen mit einer Schleife um das Ei befestigen.

OSTER-SCHACHTELN

Gestalten Sie Ihre eigene Osterschachtel aus Papier. Die Maße finden Sie ab Seite 140. Wobei Sie von der Grundform aus dann Ihre eigene Größe bestimmen können. Gestrichelte Linien auf der sichtbaren Seite derSchachtel leicht anritzen. Schräge Kanten mit einem Klebestick bestreichen, einklappen und an die Seitenfläche kleben. Bevor Sie die Schachtel zusammen kleben: Schachtel bemalen.

Zur Apfelblüte

Endlich. Die
Frühlingssonne lockt
die leichte Pracht der
Apfelblüte hervor.
Es ist ein Frühlings-
erwachen in einem Meer
von herrlich
rosa-weissen Blüten.

Die ersten warmen Sonnenstrahlen laden zum Feiern im Freien ein. So ist es am allerschönsten, unter blühenden Apfelbäumen die Frühlingswärme zu genießen. Sei es bei einem Picknick oder an einer schön gedeckten Tafel. Hauptsache die herrlich rosa-weißen Blüten umgeben uns mit ihrer zauberhaften Pracht.
Weht ein leichter Wind, so kann man noch das leichte Tanzen der vom Ast sich lösenden zarten Blütenblätter verfolgen.

EINLADUNG UNTER'M

APFELBAUM

PAPRIKA-KÄSE MUFFIN

12 Stück

150 g Mehl
75 g Maismehl
3 Teelöffel Backpulver
150 g frisch geriebener Parmesan
1 Teelöffel Salz
etwas Pfeffer aus der Mühle
1 Bund glatte Petersilie
1 Bund Schnittlauch
100 g getrocknete Tomaten in Öl eingelegt
1 rote Paprika
1 Ei
80 ml Olivenöl
250 g Buttermilch

Backofen 180° C vorheizen (Gas Stufe 3). Backzeit 20 Minuten.
Mehl, Maismehl, Backpulver, geriebenen Parmesan, Salz und Pfeffer mischen. Die Kräuter waschen, fein hacken. Tomaten fein schneiden. Paprika ebenfalls in kleine Stücke schneiden und mit Salz und Pfeffer in etwas Öl anschmoren. Ei verschlagen. Buttermilch, Olivenöl, Kräuter, Tomaten und Paprika hinzufügen und vermischen. Die Mehlmischung in kleinen Portionen unter die Masse rühren, dann den Teig in die Papierförmchen eines Muffinblechs füllen.

SERVIETTEN

Eine Papierbanderole mit rosa Streifen bemalen (Copic-Stift), Enden zusammen kleben und die Serviette durchziehen. Das Silberherz mit einem Loch versehen und mit einer weiße Schleife um die Serviette binden.

FLASCHENSCHMUCK

Eine Weißweinflasche wird bis zur Hälfte mit Wasser gefüllt, damit sie sicherer steht. Schneiden Sie 9 Herzen (Schablone ab Seite 140) aus dem Silberblech aus. Dann mit einer Stricknadel (Stärke Nr. 4) auf der ganzen Silberherzfläche eine Linie neben der anderen ziehen. Unterhalb der Herzkerbe ein Loch bohren. Einen ca. 30 cm langen Silberdraht durchziehen.

Drahtende verdrehen und das andere Ende um den Flaschenhals binden und ebenfalls verdrehen. So befestigen Sie alle 9 Herzen. Drähte können auch mal kürzer oder länger sein. Verteilen Sie die Herzen um den Flaschenhals und ziehen Sie dann den Draht zwischen dem Daumen- und Zeigefingernagel fest durch. Solange bis sich der Draht in Ihre gewünschte Richtung gebogen hat. Damit das Kerzenwachs aufgefangen wird, können Sie noch einen Kreis aus dem Blech ausschneiden, in der Mitte mit einem Loch versehen und über das Kerzenende ziehen.

Spargel-Zeit

Im April, von der Sonne geweckt, spriesst nun die lang ersehnte Gaumenfreude aus der Erde. Auf dem Markt sind die ersten Spargelstände aufgebaut, in Grün und Weiss, schön sortiert, strahlt der Spargel uns entgegen. Kaum einer kann diesem besonderen Gemüse widerstehen, und man freut sich auf die Vielseitigkeit der Gerichte. "Es ist Spargelzeit".

FRÜHLINGS FRISCHE IN

Wir können täglich beobachten wie wir immer mehr von den vielseitigen Naturschönheiten umgeben werden. Das Grün der Bäume, Sträucher und Wiesen wird kräftiger und leuchtender. Auch im Wald breiten sich die grünen, teilweise flächendeckenden Blätter des Bärlauchs aus. Zauberhaft lassen sich die weißen sternchenartig blühenden Blüten des Bärlauchs zusammen mit den Blättern zu einem schönen Strauß binden. Lieblich und zart anzusehen ist die große Sternmiere in einem Bärlauch-Strauß. Wir kennen sie alle, sie steht meist am Rand von Misch- und Buchenwäldern und streckt ihre zarten weißen Sternchenblüten der Sonne entgegen.

Holen Sie sich die kleinen Sternchen nach Hause. Schöne Sträuße binden und mit verschiedenen Kräutertöpfen den Tisch dekorieren, für ein herrliches Spargel-Essen mit Freunden in der ersten Frühlingssonne.

ZARTEN, WEISSEN STERNCHEN BLÜTEN

Für die Gäste: Fein gestalteter Servietten-Schmuck aus Papier, Kräutern, Spargel und Sternchenblumen.

SERVIETTEN-RING

Aus Silberblech in den Maßen 5,5 x 15 cm einen Streifen schneiden, dann mit einer Stricknadel (Stärke Nr. 4) auf der ganzen Silberfläche eine Linie neben der anderen ziehen. Zu einem Ring biegen und beide Enden mit Tesafilm zusammen kleben.

KRÄUTERTÜTEN

Aus schönem weißen, edel aussehendem Papier kleine Papiertütchen rollen. In einer Höhe von ca. 12 cm Kräuter zusammen binden und in ein Blumenröhrchen stecken (im Blumenladen erhältlich).

PAPIER-DECKCHEN

Aus dünnem Papier einen Kreis schneiden. Diesen zur Hälfte falten, zum Viertel falten, wieder auf die Hälfte falten und noch einmal falten. Ihre Endform muss aussehen wie eine spitze Eistüte. Dann an Kanten und Flächen kleine Dreiecke, Rauten und Schlitze schneiden. Auseinander falten, und Sie haben ein schön gemustertes Papierdeckchen.

SPARGEL, KRÄUTER UND PAPIER

Pfannkuchen & Grüne Sosse

BIERTEIG-SPEZIALITÄT UND GRÜNE SOSSE MIT KRÄUTERN

für ca. 15 Pfannkuchen

4 Eier
600 g Mehl
2 Tassen Bier
3 Tassen Milch
300 g frische Kräuter
3 Teelöffel Salz
etwas Pfeffer

Eier, Mehl, Bier und Milch zu einem Teig verrühren. Die Kräuter können Sie nach Ihren Wünschen mischen, z.B. Petersilie, Schnittlauch, fein geschnittene Lauchzwiebeln, Bärlauch, Sauerampfer, Ruccola, Basilikum und Liebstöckel. Die Kräuter erst am Schluss sehr fein geschnitten in den Teig rühren. Den ersten Pfannkuchen testen, ob noch mehr Salz hinzu muss.

Petersilie, Schnittlauch, Dill, Kresse, Liebstöckel, Sauerampfer, Zitronenmelisse und Kräuter Ihrer Wahl. Alle Kräuter ca. 300g klein hacken und mit 1/4 Liter Schmand, 150g Joghurt, 1 Eßlöffel Essig, 2 Eßlöffenl Olivenöl, etwas mittelscharfen Senf vermischen, salzen und pfeffern.
Wer möchte, kann noch 3-4 hartgekochte, grob gehackte Eier unterrühren.

Wachteleier mit
Schnittlauchbändern

HAPPY BIRTHDAY
♥ BIRTHDAY
HAPPY
HAPPY BIRTHDAY
BIRTHDAY

Blumen-Traum

Die Wiesen stehen in voller Frühlingspracht. Schmetterlinge tanzen in der Luft. Und wie schön ist es doch, dass man endlich wieder im Freien Feste feiern kann....

EINFACH SCHÖN GEFALTET...

KLEINE SCHACHTEL

Aus etwas dickerem Papier wird eine kleine Schachtel gefaltet. Die Maße finden Sie ab Seite 140. Gestrichelte Linien von der sichtbaren Seite leicht anritzen, damit sie sich leichter falten läßt. Die Löcher in den Rundungen werden mit dem Papierlocher gemacht. Bevor die Schachtel zusammengeklebt wird, können Sie sie mit schönem Papier bekleben oder mit Stiften bemalen.

Hier ist die Schachtel mit rosa Streifen angemalt (Copicstift Nr: RV 02) und am Rand mit einem oliv-grünen Papierstreifen versehen.

SCHMETTERLINGE

Diese bezaubernden Schmetterlinge aus Papier können Sie leicht nachmachen. Pausen Sie den Schmetterling auf Seite 140 ab und übertragen sie ihn auf etwas dickeres Papier. Dann bekleben Sie die Schmetterlinge mit schönen Papieren, überstehende Kanten abschneiden. Rosa Streifen mit Copic-Stift Nr. RV02 malen, oder mit Farben Ihrer Wahl. Kleine Flügel ausschneiden und an den Spitzen in der Mitte des Schmetterlinges festkleben. Den Schmetterling in der Mitte von oben nach unten auf der nicht sichtbaren Seite leicht anritzen und falten. In der Mitte 2 Löcher stechen und mit einem Band eine Schleife binden.

MENÜKARTEN

Ein Rechteck wird in den Maßen 12x20 cm aus dickerem weißen Papier ausgeschnitten. Die obere Kante der Karte wird mit buntem Papier, das an der Längsseite leicht gerissen wird, beklebt. Überstehende Kanten abschneiden. Die Karte vom unteren Rand, auf der sichtbaren Seite, in einem Abstand von 6,6 cm leicht anritzen und knicken. Ebenfalls 6,6 cm von oben auf der nicht sichtbaren Seite leicht anritzen und knicken. Danach Karte beschriften. Bänder gibt es zu bestellen auf Seite 143.

SCHÖNE FLASCHEN

Sammeln Sie verschieden grüne Weißweinflaschen und bemalen diese mit einem weißen, wasserfesten Lackstift. (Paint Marker Edding 780, 0,8 mm)

Sommer

Sie hat begonnen, die Zeit der herrlich blühenden Rosen. Der Sommer ist da. Duftende Blüten verzaubern unsere Blicke...

Erdbeeren & Rosen

Die Zeit der duftenden Rosen in ihrer unvergleichlichen Farbenpracht verführt die malerischen Blüten zu schönen Sträußen zu binden. In den Strauß werden noch verzweigte Ästchen mit Erdbeeren, Erdbeerblättern und Lindenblütenzweigen eingebunden. Die Sonne scheint und man freut sich auf ein schönes Rosen-Erdbeerfest an einem sommerlich gedeckten Tisch.
Frisch gepflückte Erdbeeren vom Feld lassen der süßen Gaumenfreude für leckere Kuchen und Speisen freien Lauf. Dekorieren Sie zwischen den Gedecken die Erbeergirlande mit zarten Lindenblütenzweigen und Erdbeeren.

ERDBEER-MANSCHETTE

Einen Streifen von 5 cm von der Längsseite eines weißen Papierbogens (A4) abscheiden, rosa Streifen mit einem Copic Stift Nr. RV02 quer aufmalen. Zu einer Ziehharmonika falten. Beide Enden mit einem Klebestift bestreichen und zusammen kleben. Zu einer trichterförmigen Manschette ziehen.

FEIERN SIE DEN SOMMER

ERDBEERGIRLANDE AUS PAPIER UND PERLEN

Glasperlen in verschiedenen Größen und Farben. Gefilzte Kugeln. Farbige Transparentpapierstreifen (17x4 cm) zu einer Ziehharmonika falten. Weißes Papier (A 4), davon die Längsseite mit einer Breite von 3 cm (für große Fächerkreise) ebenfalls zu einer Ziehharmonika falten und zu einem Kreis an beiden Enden zusammen kleben. Vor dem Falten mit einem Copic Stift Nr. RV02 rosa Streifen aufmalen. Für kleinere Fächerkreise Streifen mit 1,7 cm Breite benutzen. Für eine Erdbeere 2x die Form (ab Seite 140) aus rotem Fotokarton ausschneiden und mit grünen Tupfern bemalen. 2x einen Kreis (ø 7 cm) aus weißem Seidenpapier mit einer Zickzack-Schere ausschneiden und mit einer Schere rundum Schlitze einschneiden. Kleine grüne Blättchen ausschneiden. Seidenpapierkreis und Blättchen von hinten an die Erdbeere kleben. In Ihrer gewünschten Reihenfolge die Dinge an einen farbigen Draht befestigen. In die Mitte der farbigen, flachgedrückten Transparentfächer ein Loch stechen, den Draht durchziehen, ihn einmal umwickeln. Fächer entfalten. Die 2 Erdbeerflächen bekleben, den Draht durch die Mitte führen, beide Hälften zusammen drücken. Danach den Draht durch den rosa-weißen Fächerkreis ziehen und von beiden Seiten mit einem klebenden Papierkreis den Fächerkreis zusammen kleben.

Frisches vom Markt...

Herrliche Markttage, das rege Treiben, die vielen schönen Früchte, Gemüsesorten, Kräuter und die Pracht der Blumen zu betrachten, lässt uns wahre Lebensfreude spüren. In Gedanken möchte man am liebsten alles kaufen, lässt sich beim Anblick der Dinge inspirieren und freut sich darüber, mit einem gefüllten Korb wieder nach Hause zu ziehen.

EINE TAFELRUNDE IM

Frische Tomaten, rot leuchtend in verschiedenen Sorten, kullern fröhlich auf dem weiß gedeckten Tisch entlang. Dazwischen liegen duftende Kräuter wie Salbei, Thymian und Rosmarin. Tomaten sind aromatisch, fein, herrlich erfrischend und von der kulinarischen Seite betrachtet unglaublich vielseitig.

Tomaten & Kräuter

Tomaten und Anhänger zum Ausschneiden können Sie downloaden: www.kerstinhess-frogart.de

NUDELSALAT

500 g Nudeln
400 g frischer Blattspinat
1 Glas selbst eingelegte
Tomaten (Rezept siehe unten)

Nudeln kochen, frischen Spinat sehr gut waschen (nicht kochen), in kleine Stücke schneiden und trocken schleudern. Die eingelegten Tomaten und das Öl sind die Basis für den Salat. Das ganze Tomatenglas in die Salatschüssel geben, damit so wenig wie möglich von dem köstlichen Öl verloren geht. Knoblauchstücke entfernen. Kapern und Tomaten klein schneiden, mit den Nudeln, Spinat und dem Öl zu einem Salat mischen. Pfeffern, sehr gut salzen und etwas ziehen lassen. Eventuell noch nachsalzen.

EINGELEGTE TOMATEN

für ca. 5-6 Gläser

750 g getrocknete Tomaten
1 ganze große Knoblauchknolle
300 g Kapern
1 Flasche Weißwein-Essig
1 Flasche Olivenöl

Getrocknete Tomaten mit einer Flasche Weißwein-Essig und Wasser übergießen, so dass alle Tomaten abgedeckt sind. Über Nacht ziehen lassen. Tomaten abtropfen, Knoblauch in kleine Stücke schneiden. Dann abwechselnd das Glas mit einer Lage Tomaten und einer Lage Knoblauch und Kapern füllen. Am Schluss das Ganze mit Olivenöl auffüllen. 2-3 Monate ziehen lassen. Gefüllte Tomatengläser halten weit über ein Jahr.

KLEINE GESCHENKE-

SCHÖN VERPACKT

Fisch-Tisch

Für ein schönes Fest im Freien:
Komponieren Sie ein leichtes
Sommermenue. Zum Beispiel
Gemüse pur mit Pasta oder mit
Gemüse als Vorspeise.
Fisch als Hauptgericht.
Dazu Weißwein eiskalt serviert.

PINOT GRIGIO
2007

DER CHARME DER INSZENIERUNG: TISCH-DEKORATION MIT SILBERNEN AKZENTEN

MENÜKARTEN-
INDIVIDUELL GESTALTET

Kleine Fische werden aus Silberblech ausgeschnitten (Schablone Seite 140). Auf der Bauchhälfte mit einer Stricknadel Nr.4 Linie für Linie nebeneinander setzen und in die Mitte zwei Löcher stechen. Den Fisch oben auf die Menükarte legen, mit einem Bleistift die Löcher durchzeichnen und ebenfalls durchstechen. Die beiden Teile Fisch und Karte durch die Löcher mit einem Band verbinden und zu einer Schleife zusammenbinden.

SILBER-FISCHE

Auch die größeren Fische mit den kleinen Fischen werden auf die gleiche Art zusammen gemacht. Die Größeren mit Alufolie bekleben und mit Papierstreifen gestalten.

Den ganz großen Fisch in ca. einer Länge von 110 cm auf dickeres Papier aufzeichnen. Nicht breiter als die Breite einer großen Alufolie. Den Fisch damit bekleben und weiße Streifen darauf kleben.

Oliven

Groß oder klein, schwarz oder grün, intensiv oder mild, mit Kern oder ohne – Oliven sind ein wahrer Genuss. Zusammen mit frischem Brot, Olivenöl, einem Glas Wein, einem Hauch von Wind und Sonne, lässt man sich in die Träume des Südens verführen.

DEN ZAUBER DES SÜDENS GENIESSEN

Schön lassen sich die Bäumchen in die Mitte des Tisches stellen, umringt von Olivenzweigen, frischen Oliven in kleinen Schälchen und dicken weißen Kerzen.

Olivenbäumchen

Leicht weht der Wind durch die zarten Äste und lässt seine Blätter in der Sonne silbern leuchten. Ein Stück Süden, wenn wir uns die kleinen Bäumchen vom Urlaub mit nach Hause bringen oder bei uns auf dem Markt kaufen.

Stephen
Christian
Kerstin
Philipp
Annette

OLIVEN-ANHÄNGER

Die Oliven-Anhänger können Sie sich von meiner Homepage herunterladen: www.kerstinhess-frogart.de. Für den Serviettenring benötigen Sie ein Silberblech (im Bastelladen erhältlich). Schneiden Sie einen Streifen in den Maßen 5,5 x 15 cm. Dann mit einer Stricknadel (Stärke Nr. 4) auf der ganzen Silberfläche eine Linie neben der anderen ziehen. Zu einem Ring biegen und beide Enden mit Tesafilm zusammen kleben.

BLÄTTERTEIG-TÜTEN

10 Stück

1 Packung Filoteig
(bei türkischen oder griechischen Spezialitäten erhältlich. Rest einfrieren)
1 Rolle Ziegenkäse
Salbeiblätter
1 Bund Schnittlauch
Honig

Backofen auf 180° C vorheizen (Gas Stufe 3). Ca. 17 x 17 cm große Quadrate aus dem dünnen Teig schneiden. Salbei in dünne Streifen schneiden. In die Mitte der Teigfläche eine 1,5 cm dicke Scheibe Ziegenkäse legen, darauf einen 3/4 Teelöffel Honig träufeln, 4 kleine Salbeistreifen darauf legen und etwas pfeffern. Den Teig zu einer Tüte mit einem Schnittlauchhalm zusammenbinden. Darauf achten, dass es keine Risse im Teig gibt, denn sonst läuft der Käse aus. Goldbraun backen. Sehr gut schmeckt dazu Ruccola-Salat mit Oliven.

OLIVEN-BRÖTCHEN

500 g Mehl (oder Dinkelmehl für dunklere Brötchen)
1/2 Hefewürfel
1 Teelöffel gestoßener Koriander
1/2 Teelöffel Meersalz
Wasser
1 Teelöffel Olivenöl
200 g schwarze Oliven

Backofen 200° C vorheizen, (Gas Stufe 3-4) Zwei Tassen warmes Wasser in eine große Schüssel geben und die Hefe darin verrühren. Mehl, Salz und Koriander mischen und mit dem Öl in die Schüssel geben. Alles vermengen. Dann die klein geschnittenen Oliven ebenfalls dazu geben und alles zu einem Teig verkneten. So viel warmes Wasser dazu geben, dass der Teig relativ weich bleibt. Teigschüssel mit Klarsichtfolie verschließen und an einem warmen Ort 30 Minuten gehen lassen. Damit der Teig nicht an den Händen klebt, mit Mehl kleine Brötchen formen. In die Mitte eine halbe Olive drücken und auf eine Backfolie legen. Ca. 15 Minuten leicht braun backen.

Herbst

Fromagerie

Herbstpracht

Anmutig und farbenprächtig strahlt uns die Schönheit des Herbstes mit seinen geheimnisvollen Düften entgegen. Die goldene Jahreszeit kommt. In der warmen Herbstsonne können wir noch so manch' schönen, lauen Herbsttag im Freien genießen. Der Herbst füllt uns die Körbe mit prächtigem Obst und Gemüse.

JETZT IST ZEIT ZUM ERNTEN UND

PAPIERTRAUBEN

Mischen Sie sich mit wasserlöslichen Farben schöne Lilatöne und dippen Sie mit der Kuppe des Zeigefingers in die Farbe und drücken Sie diese auf dem Papier ab. Je weniger Farbe am Finger ist, desto schwächer ist der Abdruck. So können Sie sich Ihre eigenen Trauben tupfen. Dann die Traube ringsum ausschneiden, mit einem Draht an einem Weinblatt

befestigen und dieses unter die Schleife der Serviette schieben. Auch schöne Etiketten-Anhänger für Weinflaschen lassen sich mit einer selbst getupften Traube auf weißem Papier gestalten. Sie können sich die Traube aber auch von meiner Homepage herunterladen: www.kerstinhess-frogart.de. Hinzu kommt noch ein selbstgeschnittenes Weinblatt aus Silberblech. Die Form finden Sie ab Seite 140.

LEUCHTENDE FARBEN DES HERBSTES

Schön lässt sich die Vielseitigkeit der Ernte auf dem Tisch zu einer Herbststimmung dekorieren. Prächtige Weintrauben, grüne und lila Feigen, Artischocken, grüne kleine Äpfel, Birnen und Nüsse werden mit frisch gepflückten Walnussblättern zu einer farbenprächtigen Herbstranke arrangiert und in die Mitte des Tisches gelegt.

NATÜRLICHE ARRANGEMENTS MIT

ROTEN AKZENTEN

Herbst-Zeit

Die vielen Arten der orangeroten Hagebutten und die kleinen roten Äpfel an den blätterlosen Bäumen leuchten uns im Herbst bis in die Zeit der grauen nassen Novembertage entgegen.

HAGEBUTTENPAPIER

Für jeden Gast gibt es eine kleine Überraschung, die, schön verpackt in weißem Seidenpapier, von einem mit Hagebutten bemalten Papier als Banderole zusammen gehalten wird.

Das Papier können Sie sich von meiner Homepage herunterladen: www.kerstinhess-frogart.de.
Das rote Papier mit den weißen Punkten, das als Serviettenring benutzt wird, können Sie bei acufactum bestellen. Adresse Seite 143.

Die rot leuchtenden Hagebutten lassen sich leicht zu schönen, erfrischenden Blickfängen arrangieren. Gebunden zu einem Strauß mit Rosen, Hortensien und Kräutern, geben sie die ganze Farbenpracht des Herbstes wieder.

DIE LETZTEN Äpfel

FALLEN VOM BAUM

Da liegt sie nun, die rote Pracht...
Ein Rotton ist schöner als der andere und
prächtig hält man in den Händen,
was man soeben
frisch vom Baum gepflückt hat.

KLEINE Äpfel

SÜSS UND FEIN

Bei einem langen Spaziergang durch die Natur, wo schon der Nebel aus den Wiesen und Tälern steigt, kann man auf den Obstwiesen noch vereinzelt kleine, rote Äpfel an den Ästen finden. Auch steht manchmal ganz unverhofft ein alter Apfelbaum, wie von der Ernte vergessen, vor einem und trägt in Hülle und Fülle die vielen kleinen roten Äpfel an den Zweigen.
Wir holen uns die rote Pracht nach Hause, lassen draußen Sturm und Winde wehen, laden Freunde ein und lassen uns mit Tee und Köstlichkeiten, die der Apfel uns gibt, verwöhnen.

APFEL-INGWER GELEE

1 Päckchen Einmachzucker (2:1)
900 ml Apfelsaft, naturtrüb
1 Päckchen Zitronensäure
100 g frischer Ingwer

Ingwer reiben, und wer möchte, kann einen Teil der Menge auch in kleine Stücke schneiden. Marmelade nach der Gebrauchsanweisung des Einmachzuckers kochen.

KUCHEN UND MUFFINS

1 Kuchen oder ca. 18 Muffins

250 g Zucker
4 Eier
1 Päckchen Bourbon Vanillezucker
1 ganze Zitrone, davon abgeriebene Schale und Saft
200 g weiche Butter
1 gute Tasse Milch
500 g Mehl
1 Päckchen Backpulver

Backofen 180 – 200°C. Gas Stufe 3-4
Butter in kleine Stücke schneiden und in eine Schüssel geben. Eier, Vanillezucker und Zucker dazugeben und schaumig schlagen. Schale und Saft der Zitrone dazugeben und erneut schaumig schlagen. Backpulver und Mehl vermischen und zu der schaumigen Masse geben. Die Milch dazugeben und zu einem weichen Teig verrühren. Der Teig eignet sich auch gut für einen Kuchen. Die Muffinform mit Papierbackförmchen auslegen, den Teig löffelweise bis ca. 5 mm unter den Papierrand füllen. Bei 180 °C ca. 15 Minuten backen. Wenn die Oberfläche des Muffin schön glatt sein soll, ist es ratsam, immer wieder in den Backofen zu schauen. Sobald sich auf der Oberfläche Risse zeigen, den Teig mit einem Löffel wieder sanft andrücken. Dies muss so lange wiederholt werden, bis die Muffins nicht mehr aufreißen. Möchte man die Muffins nicht so hoch und rund haben, gibt man einfach weniger Teig in die Förmchen. Papier für Muffins: Ein Quadrat aus weißem Seidenpapier ausschneiden. Den Rand mit einem roten Copic-Stift anmalen. Dann weiße Punkte mit einem Lackstift oder Deckweiß aufbringen.

TEEGEBÄCK

180 g Butter
180 g Zucker
1 ganzes Ei
1 Eigelb
1 Päckchen Vanillezucker
300 g Mehl
1 Teelöffel Backpulver
abgeriebene Schale einer Zitrone

Backofen auf 180°C vorheizen (Gas auf Stufe 3).
Backzeit ca. 10 Minuten.

Butter, Zucker und Eier schaumig schlagen und die Schale der abgeriebenen Zitrone dazu geben. Backpulver und Mehl vermischen und alles zu einem festen Teig verkneten. Kühl stellen, schöne Ausstecher machen und leicht bräunlich backen.

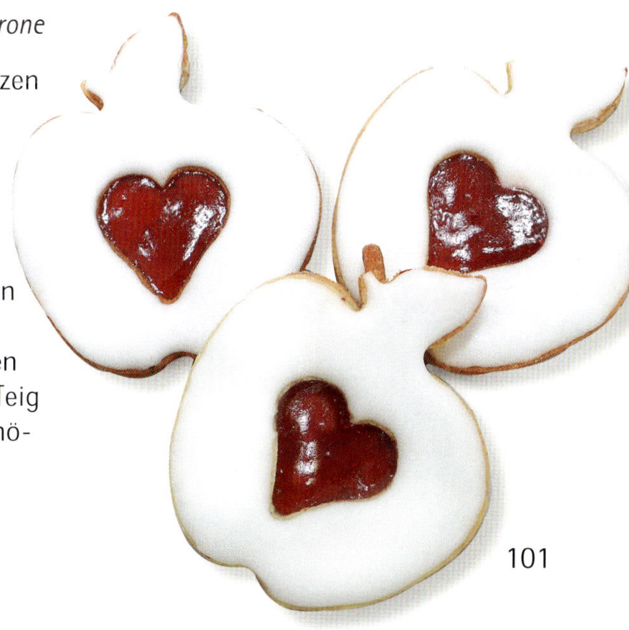

Blätter

BUNT UND ZART

Schöne Blätter, bunt und zart, hängen an den Ästen und lassen die Bäume auf Wiesen, Feldern und in den Wäldern in einer wahren Farbenpracht aufleuchten. Für uns eine Jahreszeit, in der wir die ganze letzte Herrlichkeit der Natur spüren, bevor die langen, grauen Wintertage kommen. Raschelndes Laub, tanzende Blätter im Wind laden ein zu langen Spaziergängen in der manchmal noch warmen Herbstsonne.

Herbst
IMPRESSIONEN

Bevor der Winter kommt, feiern wir Abschied vom farbenprächtigen Herbst, mit strahlenden Kerzenlichtern und natürlichen Accessoires. Die Blätter fallen vom Baum, wir suchen uns die schönsten aus und pressen sie, um noch möglichst lange die Farbenpracht um uns zu haben.

BLÄTTERKRANZ

Um die Stiele der schön gepressten Blätter dünnen Silberdraht befestigen und in verschiedenen Längern an einem 30 bis 40 cm großen, weißen Ring befestigen. Diesen auf 4 kleine Klötzchen mit Heißkleber befestigen oder nur darauf legen. Die Kerzenhalter mit Kerzen versehen. Damit die Kerzenhalter besser halten, den Klipser mit zusammengeknuddeltem Seidenpapier füllen und an den Ring klipsen.

CURRYKARTOFFELN UND RAHMSOSSE

8 mittelgroße Kartoffeln
1/8 l vegetarische Gemüsebrühe (1 Würfel)
1 Teelöffel Kurkuma
1 Teelöffel Kreuzkümmel
1 Teelöffel Ingwer (gerieben)
1/2 Teelöffel Koriander
1 Prise Chilipulver
1 Messerspitze Muskat
1 Becher Sahne
2 Esslöffel gehackte Petersilie

Backofen 200° C, (Gas Stufe 3-4). Kartoffeln kochen, pellen, in Scheiben schneiden und in eine gefettete Auflaufform legen. Sahne und Brühe mit den Gewürzen verrühren und über die Kartoffelscheiben gießen. Im Backofen 20 – 30 Minuten garen und am Schluss mit Petersilienblättern verzieren.

VANILLEEIS MIT KÜRBISKERNÖL

1 große Kugel Vanilleeis mit 4 – 5 Esslöffel Kürbiskernöl beträufeln. Je nach Geschmack kann auch mehr Öl verwendet werden. Die gerösteten Kürbiskerne (ohne Öl rösten) hinzugeben.

Winter

Schoko-

Tafelfreuden

Grau ist es geworden, vereinzelt hängt noch ein Blatt am Baum. Der Regen, mit den ersten nassen Schneeflocken vermischt, klatscht an die Fensterscheiben. Drinnen im Haus ist es warm und gemütlich, manch einer genießt die Nachmittage und Abende mit einer heißen Schokolade im Kerzenschein.
Es werden Gäste eingeladen, um sie zu verwöhnen und an einer festlich gedeckten Tafel die gebackenen Köstlichkeiten zu genießen.

Sternschachteln

Herrlich schöne große und kleine Sternschachteln zum Selbstgestalten (Schablone Seite 141). Zeichnen Sie die Schachtel auf einen festeren Karton auf. Die Sternschablone in Ihrer gewünschten Größe an die vier Kanten der aufgezeichneten Schachtel auf dem Karton anlegen und mit einem Bleistift umfahren. Achtung, nicht die Spitzen der Sterne direkt an den Schachtelrand legen, denn die Spitzen brauchen eine kleine Fläche, damit sie nicht so leicht abbrechen (Sternschablone Seite 141). Schneiden Sie mit einem scharfen Messer und Lineal Ihre Schachtel aus. Gestrichelte Linien auf der nachher sichtbaren Seite leicht anritzen, damit sich die Flächen besser falten lassen. Bevor sie zusammen geklebt wird, bitte Sterne mit Papier beziehen und überstehende Kanten abschneiden oder nach Wunsch bemalen, z.B. mit Bleistift, Glimmerstift oder Tusche.

LEBKUCHEN

150 g Butter
500 g Zucker
2 Eier
4 Eigelb
250 g Mandeln
125 g Zitronat
20 g Zimt
750 g Mehl
1/2 geriebene Muskatnuss
1 Tüte Backpulver

Backofen auf 200°C vorheizen. Gas Stufe 3-4.

Zucker, Eier und Eigelb schaumig schlagen, dann weiche Stücke Butter dazu geben und vermischen. Mandeln und Zitronat zu sammen im elektrischen Zerkleinerer portionsweise fein malen. Alle anderen Zutaten mit Mandeln und Zitronat vermischen und mit der schaumigen Masse zu einem glatten Teig kneten. Den Teig einige Stunden kühl stellen, ausrollen und mit schönen Formen ausstechen, goldbraun backen.

MIT MUSE GENIESSEN

Wer gerne Gäste hat, liebt auch das ganze Drumherum. Die liebevolle Gestaltung der Dekoration für einen stilvoll gedeckten Tisch. Die Vorfreude ist groß und die Vorbereitungen der Speisen und süßen Leckereien machen Spaß. Eine liebevolle Tischdekoration erweckt in jedem Gast von Anfang an das Gefühl, dass er hier herzlich willkommen ist. Hier ein schön gedeckter Tisch mit weißem Porzellan. Verzierte Gläser, silberne Leuchter und schön in Braun und Grau aufeinander abgestimmte liebevoll gestaltete Servietten, lassen ihn zu einem Festtagstisch werden. Das Ganze wird abgerundet mit Tannenzapfen, die an ihren Rändern silbern glimmern, mit gebackenen Schneesternen und Gänsen, die sich auf dem Tisch verteilen.

SCHOKOLADENKUCHEN

200 g Butter
200 g Zucker
200 g Blockschokolade
200 g ganze Mandeln
200 g ganze Nüsse
6 Eier
1 Teelöffel Backpulver
200-300 g Zartbitterschokolade für den Guss

Backofen auf 190°C vorheizen. (Gas Stufe 3, Backzeit 45 Minuten).

Eier, Zucker und Butter schaumig schlagen. Zerkleinerte Schokolade mit ganzen Mandeln und Nüssen mischen. Diese Mischung portionsweise im elektrischen Zerkleinerer fein malen und Backpulver untermischen. Alles zu einem Teig zusammenrühren. Den fertigen Kuchen mit Zartbitter-Schokolade überziehen.

BAUMKUCHEN

Ein gekaufter, kleiner Baumkuchen wird mit weißem Zuckerguß verziert. Mit einer Spritztüte oder einem Tropfen am Zahnstocher werden die weißen Punkte aufgetragen.

Pralinen Baum

Für den Pralinenbaum brauchen Sie ca. 6 mm dicke Holzstangen und Draht. Im Bastelladen erhältlich. Skizze und Maße auf Seite 142. Befestigen Sie als erstes die untere Querstange von 47 cm an der senkrechten Holzstange von oben gemessen an dem Kreuzungspunkt von ca. 71 cm. Fest mit Draht umwickeln. Dann die 2 Seitenstangen von 76 cm rechts und links an der unteren Stange außen fest mit Draht umwickeln. Die zwei Außenstangen zusammen biegen und an der Spitze zusammenbinden. Danach alle Zwischenstangen (Maße siehe Skizze) befestigen. Dann können Sie den Baum in Ihrer Farbe bemalen.

MISTELN-
GESCHMÜCKT MIT
SILBERN GLITZERNDEM
WEIHNACHTSSCHMUCK

Wintersilber

Ein jeder kann sich daran erfreuen,
wenn alle Jahre wieder
die Mistel mit ihrem warm
leuchtenden Grün,
den weißen Beeren, ins Haus
geholt und an einen
schönen Platz gehängt wird.

Rotleuchtende Granatäpfel

Als Tischläufer dient eine Silberfolie, auf der sich der wunderschön rot leuchtende Granatapfel platziert. Umringt von Kerzen in Stern-Ausstecherformen mit Tannenzweigen, Gläsern und Flaschen, an denen kleine Silbertannenbäume hängen. Anleitung für die Flaschen mit Tannenbäumen finden Sie auf Seite 41.

Ein Granatapfel wird mit einem Tannenzweig und einem Mistelast geschmückt. Das Ganze mit einem Bouillondraht umwickeln, damit es feierlich aussieht und nicht verrutscht.

TANNENBÄUMCHEN

Kaufen Sie einen schönen Tannenbaum-Ausstecher und pressen Sie mit einer Flachzange die Spitzen der Tannenbaumform fest zusammen. Dann ziehen und drücken Sie den Tannenbaum in Ihre Wunschform zurecht. So entsteht der etwas andere Tannenbaum. Mit Zuckerguss überziehen und Silberperlen verstreuen. Aus zerstoßenen Silberperlen erhalten Sie Glimmerpulver, das Sie ebenfalls auf den Zuckerguss streuen können.

MOOSSTERNE

Verschieden große Stern-Ausstecherformen werden mit frischem Moos gefüllt. Darauf achten, dass auch das Moos schön bis in die Spitzen gedrückt wird.
Das Moos von beiden Seiten schön flach drücken und mit Bouillondraht umwickeln.

GEBACKENE KÖSTLICHKEITEN FÜR

FESTLICHE STUNDEN

HONIGKUCHEN

500 g flüssiger Honig
1/4 l Sonnenblumenöl
500 g brauner Zucker
150 g Zartbitter-Schokolade
2-3 Bio Orangen
200 g gemahlene Mandeln
1 Prise Salz
3 Esslöffel Lebkuchengewürz
4 Eier
500 g Mehr Typ 405
1 Päckchen Backpulver

Backofen 180° C, Gas Stufe 3.

Honig, Öl und Zucker bei mittlerer Hitze unter rühren erhitzen, bis sich der Zucker gelöst hat. Die Mischung etwas abkühlen lassen, zerkleinerte Schokolade unterrühren bis sie sich aufgelöst hat. Die Orangen heiß abspülen und trokken tupfen. Die Schale von einer Orange dünn abreiben. Den Saft aller Orangen auspressen und ein 1/4 l davon abmessen. Gewürze, Eier, Mandeln, abgemessener Orangensaft und 2 Teelöffel abgeriebene Orangenschalen unter die Honigmischung rühren. Mehl und Backpulver vermischen und alles mit Hilfe des Handrührgerätes zusammen zu einem schönen Teig kneten. Den Teig in das mit Backpapier ausgelegte Backblech gleichmäßig und bis zum Rand verstreichen. 40 Minuten backen lassen. Nun können Sie den Honigkuchen in kleine Würfel schneiden und mit Zuckerguß verzieren.

Festlicher Weihnachtsschmuck in Rot & Weiß

Hier sind der Vielfalt an rotem und weissem Weihnachtsschmuck keine Grenzen gesetzt. Ob gepunktet, gestreift, mit kleinen weissen Sternen versehen, lustige Vögelchen, rote Sterne, winterlich rote Zapfen – alles findet in den verschiedenartigsten Nadelzweigen seinen Platz.

FRÖHLICHE DEKORATION ZUR

Nicht nur rot-weißer Weihnachtsschmuck, sondern auch noch gestreifte Stoff-Untersetzer lassen den Tisch fröhlich erscheinen. Ilexzweige, mit ihrer Unterseite nach oben gedreht (damit das Grün nicht so dunkel erscheint), werden als Band in die Mitte des Tisches gelegt. Rundherum wird der Weihnachtsschmuck platziert.

PAPIER-TANNENBÄUME

Tannenbäume (Schablone Seite 142) aus rotem Fotokarton ausschneiden und mit Deckweiß oder weißer Dispersionsfarbe nach Ihren Wünschen weihnachtlich bemalen.

Diese schön gefaltete Karte dient nicht nur als Weihnachtsgruß, sondern lässt sich auch wunderbar als Tisch- und Menükarte verwenden. Die Schablone für die Karte finden Sie auf Seite 142. Die linke Hälfte des Tannenbaumes an der gestrichelten Linie entlang mit einem scharfen Messer ausschneiden. Karte in der Mitte, von der sichtbaren Seite leicht anritzen, damit sie besser gefaltet werden kann. Aus der gefalteten Karte die ausgeschnittene Tannenbaumhälfte nach außen biegen. Mit einem Zweig und einem rot-weiß gestreiftem Schinkenband die Karte schmücken.

FALTKARTE

WINTERFREUDEN UND SINNLICHE DÜFTE

Dezember

Der Winter hat seinen eigenen Charme. Wir träumen vom Schnee und werden dann doch ganz unerwartet von einem tiefen, dick verschneiten Winter überrascht. Wir freuen uns über wirbelnde Flocken, die so schön zart und lieblich anzuschauen sind. Die Natur lädt zu langen verträumten Spaziergängen ein, und im Strahl der Sonne können wir bei klirrender Kälte die Schönheiten der Eiskristalle bewundern. Es ist alles eine verzauberte Natur, die im tiefen Winterschlaf ruht.

STIMMUNGSVOLLE AKZENTE SETZEN

TANNENBAUM

Tannenbaumform auf Seite 142. Machen Sie sich eine Schablone und fahren Sie mit dem Bleistift auf einem dickeren Papier die Form an den Kanten der Schablone nach. Ein Baum besteht aus 4 Teilen. Die 4 Teile nach Ihren Wünschen bekleben und bemalen. Den Tannenbaum auf der nicht sichtbaren Seite in der Mitte von oben nach unten leicht anritzen, damit er sich besser falten lässt. Beim Zusammenkleben aller 4 Teile in der Mitte eine Schnur legen und überstehende Kanten abschneiden. Mit einem Bouillondraht umwickeln.

J

Für Freunde ein schönes Weihnachtsfest vorzubereiten, mit all den vielen, kleinen schönen Dingen, lässt innere Freude aufkommen. Draußen hat es geschneit, die Bäume schauen mit ihrer weißen Pracht zum Fenster herein und gleichzeitig lässt man Blicke in die Ferne schweifen.
Der Tisch ist liebevoll gedeckt und die Kerzen leuchten in festlicher Stimmung.

KLEINE HÄUSCHEN FÜR NETTE

Die schönen kleinen selbst gestalteten Häuschen sind nicht nur bezaubernde Blickfänge, sondern es lassen sich auch himmlische Köstlichkeiten damit verpacken.

Die Maße eines Hauses finden Sie auf Seite 143. Anhand meiner Vorlage können Sie Ihre eigenen Maße bestimmen. Gestrichelte Linien werden auf der sichtbaren Seite leicht angeritzt, damit es sich besser falten lässt. Vor dem Zusammenkleben die Häuser nach Ihren Wünschen gestalten. Ohne Herz oben auf dem Dach, die

Bänder an der Innenseite des Daches mit Tesafilm befestigen und zu einer Schleife binden.

FÜR WEIHNACHTLICHE STIMMUNG SORGT EIN PRÄCHTIG GESCHMÜCKTER KORB MIT ZIMTSTERNEN, NÜSSEN, ÄPFELN, MISTELN, TANNENGRÜN UND SCHÖNEN STOFFHERZEN.

TANNENBÄUME AUS STOFF FÜR KLEINE ÜBERRASCHUNGEN

Die Schablone des Tannenbaumes finden Sie auf Seite 142. Kopieren Sie die Vorlage und schneiden Sie sich eine Papierschablone. Die Streifen aus Stoff (ohne den Stamm) in der gewünschten Größe zusammennähen und glatt bügeln. Papierschablone auf den zusammengenähten Stoff legen, mit Steck-nadeln befestigen, und die Fläche des Tannenbaumes (ohne Stamm) mit einer Nahtzugabe von 1cm ausschneiden. Danach den Stamm mit 1cm Nahtzugabe annähen. Den Tannenbaum versäubern. Wenn beide Hälften fertig sind, die sichtbaren Seiten gegeneinander legen und bis auf die Spitze zusammennähen. Achtung: Lassen Sie an der Spitze eine Öffnung, um später die Überraschungen hinein zu stecken. Wenden und glatt bügeln. Jeweils an den Spitzen schöne Bänder annähen.

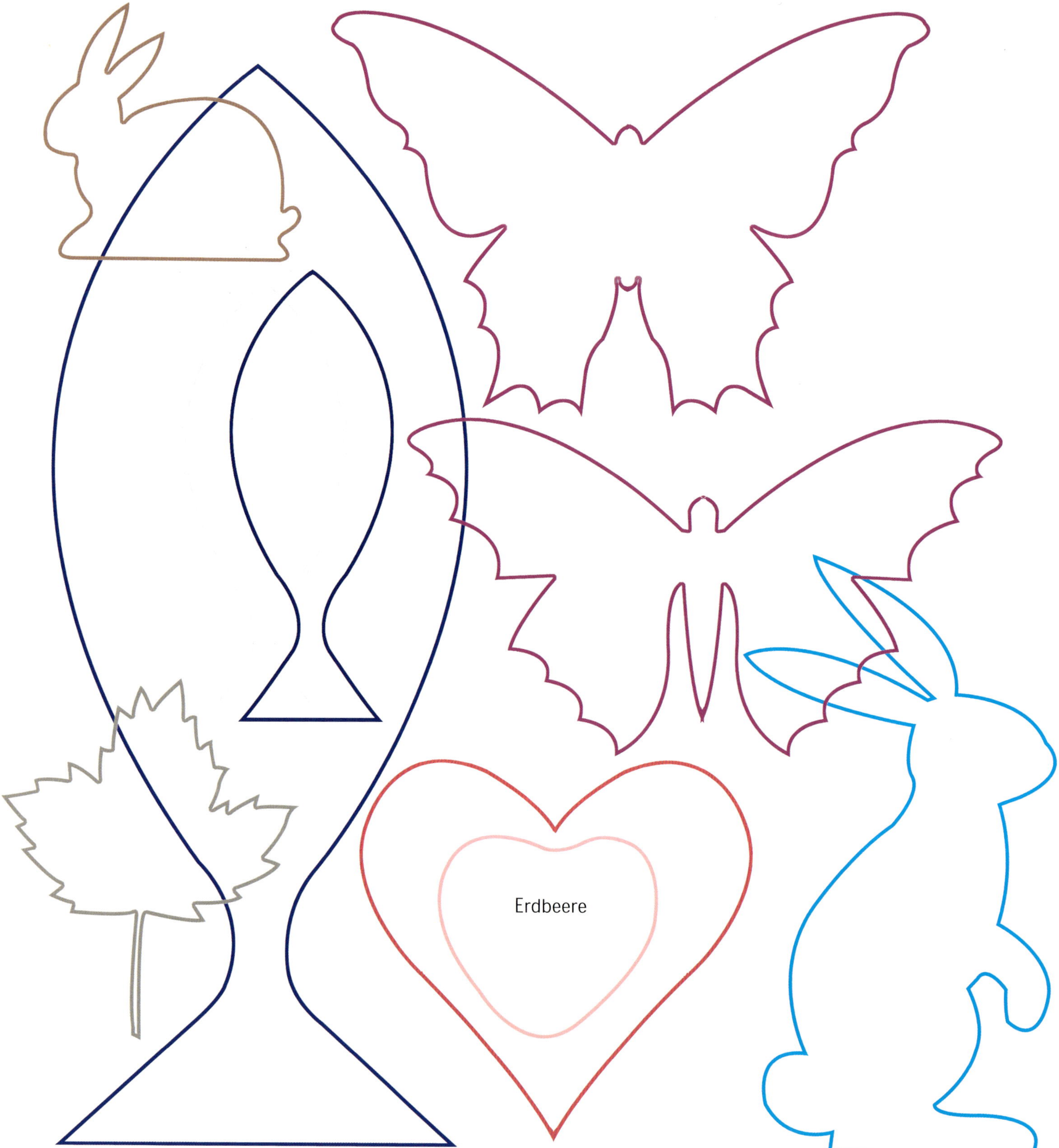
Erdbeere

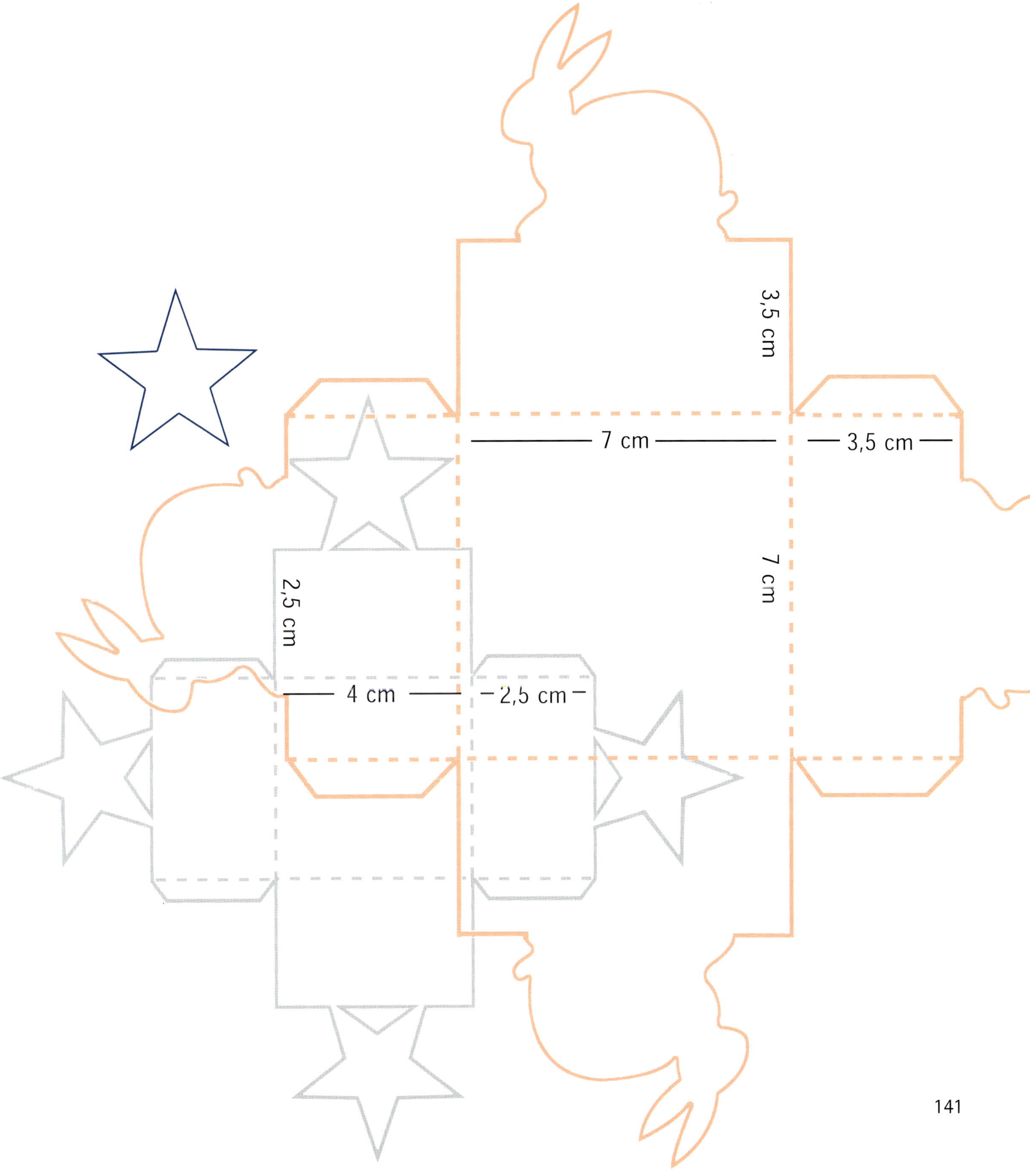
3,5 cm
7 cm
3,5 cm
7 cm
2,5 cm
4 cm
2,5 cm

Tannenbaum:
Für Anhänger 4 mal ausschneiden.
Schablone auch für Flaschenanhänger.

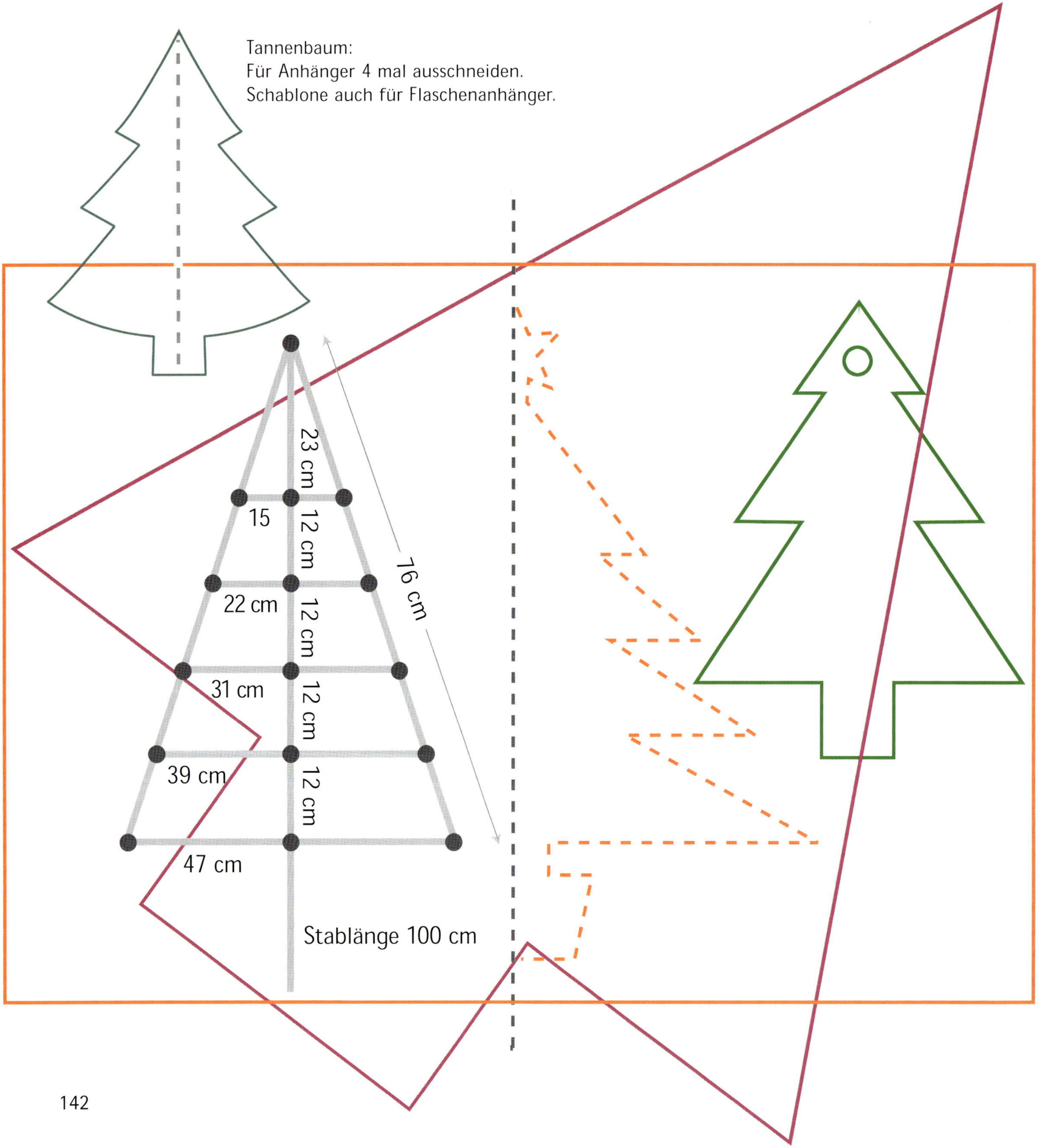

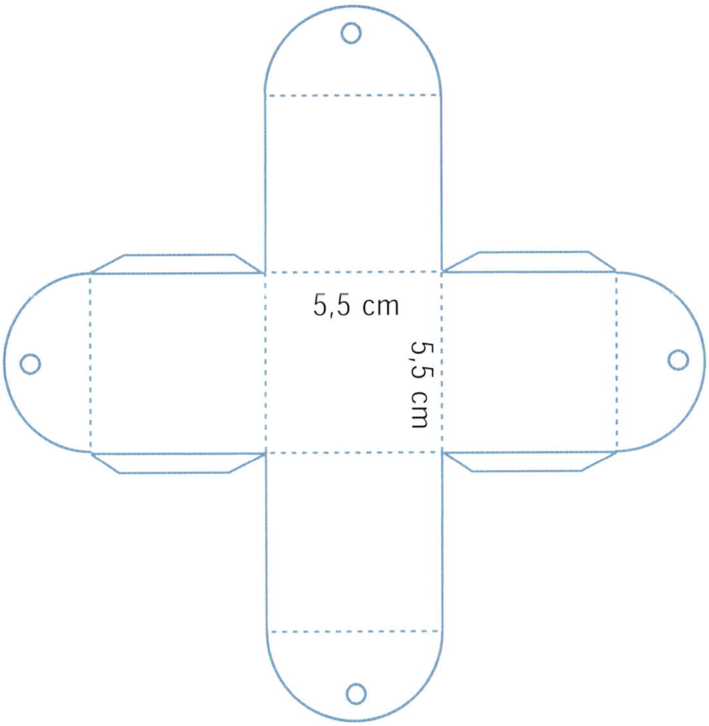

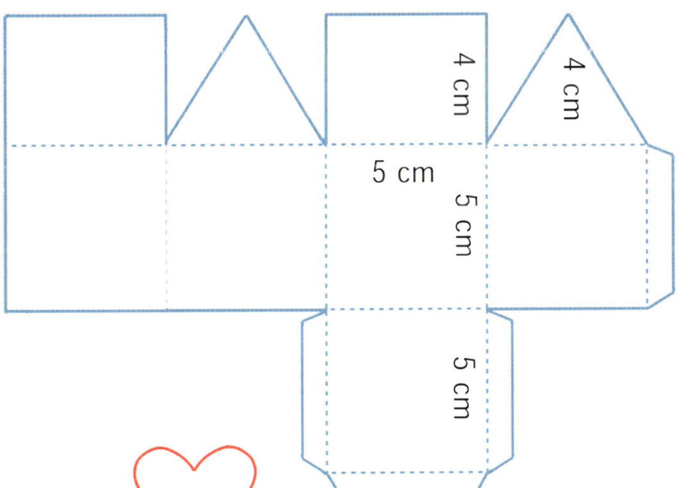

Für größere Häuser:
Herzform für die Längsseite des Daches

ADRESSEN

Schöne Stoffe finden Sie im Online-Shop:
www.simis-atelier.de

Simi.S. Atelier
Simone Streicher
Gartenstr. 4A
85128 Wolkertshofen
Tel.: 08424 / 88 75 38

CHARLOTTA'S
Zauberhafte Stoffe und mehr.

Charlotta's Zauberhafte Stoffe und mehr
Eppendorfer Weg 229
20251 Hamburg

Fon 040 46 77 47 52
Fax 040 46 77 47 53

info@charlottas.de
www.charlottas.de

Abb. Bänder/Stoffe TILDA

acufactum
ute menze

Diese und weitere Produkte finden Sie im Online-Shop:
www.acufactum.de

acufactum
Buchenstraße 11
58640 Iserlohn-Hennen
Tel.: 02304 / 5349

Neuschnee